BEI GRIN MACHT SICH IHR WISSEN BEZAHLT

Einsendeaufgabe zur Trainingsplanung für ein Koordinations- und Dehntraining

K. Becker

Bibliografische Information der Deutschen Nationalbibliothek:

Die Deutsche Nationalbibliothek verzeichnet diese Publikation in der Deutschen Nationalbibliografie; detaillierte bibliografische Daten sind im Internet über http://dnb.d-nb.de abrufbar.

ISBN: 9783346589330
Dieses Buch ist auch als E-Book erhältlich.

© GRIN Publishing GmbH
Nymphenburger Straße 86
80636 München

Druck und Bindung: Books on Demand GmbH, Norderstedt Germany
Gedruckt auf säurefreiem Papier aus verantwortungsvollen Quellen

Das Buch bei GRIN: https://www.grin.com/document/1168221

Deutsche Hochschule für
Prävention und Gesundheitsmanagement
Hermann Neuberger Sportschule 3
66123 Saarbrücken

Einsendeaufgabe

Fachmodul:	Trainingslehre III
Studiengang:	Gesundheitsmanagement Bachelor of Arts
Datum Präsenzphase:	07.09. – 09.09.2020
Studienort:	Düsseldorf
Semester:	WS 18

Inhaltsverzeichnis

1 PERSONENSPEZIFISCHE DATEN UND BEWERTUNG 3

1.1 Personendaten 3

1.2 Bewertung der Personendaten 4

2 BEWEGLICHKEITSTESTUNG UND BEWERTUNG 4

2.1 Detaillierte Beweglichkeitstestung mit Normwerten 4

2.2 Testergebnisse der Probandin 6

2.3 Beweglichkeitsbewertung der Probandin 7

3 TRAININGSPLANUNG DES DEHNTRAININGS 8

3.1 Planung der Dehnübungen 8

3.2 Dehnübungen in der Durchführung 9

3.2.1 Statische Dehnübungen 9

3.2.2 Dynamische Dehnübungen 11

3.2.3 Postisometrische Dehnübungen 12

3.3 Begründung der Planung 12

4 TRAININGSPLANUNG DES KOORDINATIONSTRAININGS 13

4.1 Planung der Koordinationsübungen 13

4.2 Koordinationsübungen in der Durchführung 14

4.3 Begründung der Planung 16

5 LITERATURRECHERCHE ZUR THEMATIK DEHNEN 17

6 LITERATURVERZEICHNIS 18

7 TABELLENVERZEICHNIS 21

1 Personenspezifische Daten und Bewertung

1.1 Personendaten

In der folgenden Tabelle werden die Personendaten einer Probandin für die Trainingsplanung, hinsichtlich eines Beweglichkeits- und Koordinationstraining, übersichtlich zusammengestellt.

Tabelle 1: Personendaten und allgemeiner Gesundheitszustand

Alter	49
Geschlecht	Weiblich
Körpergröße	175 cm
Körpergewicht	70 kg
Trainingsmotive	• Allgemeine Verbesserung der Beweglichkeit • Muskelverspannung in Nacken-, Schulter- und gesamter Rückenmuskulatur abbauen • Muskuläre Dysbalance zwischen vorderer und hinterer Muskelketten abbauen
Berufliche Tätigkeit	Web-Designer
Aktuelle sportliche Aktivitäten	• Rad fahren Niedrige Leistungsstufe: vorwiegend gerade Strecken, moderates Tempo Trainingsumfang: 3 Mal pro Woche je 1 Stunde • Wandern Mittlere Leistungsstufe: 600-900 Höhenmeter, anspruchsvolles Gelände Trainingsumfang: 1 Mal pro Woche je 5 Stunden
Frühere sportliche Aktivitäten	Zumba auf niedriger Leistungsstufe 2 Mal pro Woche
Zeitlicher Verfügungsrahmen	3 Mal pro Woche nachmittags für 1,5 Stunden
Orthopädische Probleme	• Nacken-, Schulter-, Rückenschmerzen (ohne Bandscheibenvorfall oder -vorwölbung) • Ischialgie/ Ischias-Schmerzen bei langem Sitzen • Muskuläre Dysbalance mit „verkürzter" Hals-, Brust-, Bauch- und unterer Rücken-, Hüftbeugemuskulatur/ abgeschwächter Nacken-, oberer Rücken- und Gesäßmuskulatur Vor 3 Jahre: Schultergelenkentzündung (Frozen Shoulder)
Internistische Probleme	Keine
Ärztliche Behandlungen	Vor 3 Jahre: Physiotherapie und Medikamente (Cortisol) zur Behandlung der Schultergelenksentzündung
Einnahme Medikamente	Manchmal Schmerztabletten (2-3 Mal im Monat)
Gesundheitliche Einschränkung	Keine

1.2 Bewertung der Personendaten

Die Probandin weist mit ihrem Alter, Körpergröße und Gewicht keinen erhöhten BMI auf. Dieser liegt bei 22,9 kg/m² und ist somit im unbedenklichen Normalbereich (Deutsche Gesellschaft für Ernährung, 1992).

Ihre Trainingsmotive richten sich ideal nach einem Beweglichkeits- und Koordinationstrainingsplan, da sie vor allem an ihrer Beweglichkeit und muskulärer Dysbalance arbeiten möchte. Auch die orthopädischen Probleme der Muskelabschwächung und Muskelverspannung, frei von gesundheitlicher Einschränkung und internistischer Kontraindikatoren, welche die Belastbarkeit im Training verringern, sind Zielbereiche, welche ein Bewegungstraining verbessern kann.

Zusätzlich ist die Probandin aktuell in keiner ärztlichen oder medikamentösen Behandlung, welche die Trainierbarkeit abschwächen würde.

Ihre zurzeit ausgeübten sportlichen Aktivitäten geben darüber hinaus Rückschluss auf die Motivation und Freude an der Bewegung, welche sich positiv auf das Training auswirken kann. Da in ihren Sportarten weder eine hohe Schnellkraft oder Explosionskraft verfügbar sein muss, bei denen sich ein Beweglichkeitstraining nachteilig auf die Leistung auswirkt, kann sie die Trainingsform bedenkenlos in ihr sportliches Programm mit aufnehmen.

Zusammenfassend, mit der ausreichend zeitlichen Verfügung von drei Tage die Woche und aktueller moderaten sportlichen Leistung wie ihrem guten Gesundheitszustand, ist die Probandin in ihrer Trainierbarkeit nicht eingeschränkt.

2 Beweglichkeitstestung und Bewertung

2.1 Detaillierte Beweglichkeitstestung mit Normwerten

Vor der Erstellung eines Trainingsplans, wird die Beweglichkeit der Probandin diagnostiziert. Die Ermittlung über das Ausmaß der Beweglichkeit, und somit die maximale Beweglichkeitsamplitude, geschieht über die subjektive Muskelfunktionsüberprüfung nach Janda (2000).

Manuell getestet werden die Muskelgruppen M. pectoralis major, M. iliopsoas, M. rectus femoris, Mm. ischiocrurales und Mm. triceps surae (Janda, 2000).

In der folgenden Tabelle werden die einzelnen Testungen inklusive ihrer Normwerte detailliert dargestellt.

Tabelle 2: Beweglichkeitstestung modifiziert nach Janda (2000, S. 255-271)

Muskeln	Testdurchführung	Normwerte
Brustmuskulatur M. pectoralis major	Die Probandin liegt mit dem gesamten Körper rücklings auf die Behandlungsliege, winkelt die Beine an. Die Füße liegen flach auf der Behandlungsliege auf, wodurch das Becken fixiert ist. Der Brustkorb der Probandin wird locker durch den Tester auf der Liegefläche fixiert, während diese den zu testenden Arm anwinkelt. Im Schultergelenk finden eine Abduktion und Außenrotation statt. Im Ellenbogen wie in der Achsel entsteht ein 90°-Beugewinkel. Das Becken und die Lendenwirbel müssen dabei zwingend fixiert bleiben.	Ausgewertet wird der Test anhand des Verhältnisses des Oberarms zur Horizontale. Stufe 0: Keine Beweglichkeitsdefizite, Oberarm erreicht die Horizontale Stufe 1: Leichte Beweglichkeitsdefizite, Oberarm erreicht die Horizontale nicht, nur mit leichtem Druck des Testers Stufe 2: Deutliche Beweglichkeitsdefizite, Oberarm erreicht die Horizontale auch nicht durch leichten Druck des Testers
Hüftbeugemuskulatur M. iliopsoas	Die Probandin bleibt in Rückenlage auf der Behandlungsliege bis zum Gesäß fixiert, die Beine hängen über den Rand der Liege. Ein Bein wird von der Probandin angewinkelt und fest zum Körper gezogen, während das andere Bein in der Hüftflexion bleibt. Das Becken und die Lendenwirbel müssen dabei zwingend fixiert bleiben.	Ausgewertet wird der Test anhand des Verhältnisses des Oberschenkels zur Körperlängsachse. Stufe 0: Keine Beweglichkeitsdefizite, Oberschenkel erreicht die Horizontale Stufe 1: Leichte Beweglichkeitsdefizite, Oberschenkel erreicht die Horizontale nicht, nur mit leichtem Druck des Testers Stufe 2: Deutliche Beweglichkeitsdefizite, Oberschenkel erreicht die Horizontale auch nicht durch leichten Druck des Testers
Kniestreckmuskel M. rectus femoris	Die Position in Rückenlage mit über der Behandlungsliege hängenden Beinen wird beibehalten. Die Probandin winkelt ein Bein an und zieht dieses maximal zu sich heran, das andere Bein nimmt einen größtmöglichen Hüftextensionswinkel an und wird vom Tester fixiert. Das fixierte Bein wird nun durch den Tester in einen höchstmöglichen Kniebeugewinkel geführt. Das Becken und die Lendenwirbel müssen dabei zwingend fixiert bleiben.	Ausgewertet wird der Test anhand des Winkels zwischen Ober- und Unterschenkel. Stufe 0: Keine Beweglichkeitsdefizite, Kniebeugewinkel erreicht 90° Stufe 1: Leichte Beweglichkeitsdefizite, Kniebeugewinkel erreicht keine 90°, nur mit leichtem Druck des Testers Stufe 2: Deutliche Beweglichkeitsdefizite, Kniebeugewinkel erreicht 90° auch nicht durch leichten Druck des Testers

Muskeln	Testdurchführung	Normwerte
Kniebeuge-muskulatur Mm. ischio-crurales	Die Probandin liegt erneut in Rückenlage auf der Behandlungsbank, jedoch mit dem ganzen Körper. Ein Bein wird ist im Hüftgelenk sowie im Kniegelenk gebeugt, während das andere Bein vom Tester in gestreckter Position in die größtmögliche Hüftextension gebracht wird. Das Becken und die Lendenwirbel müssen dabei zwingend fixiert ~eiben.	Ausgewertet wird der Test anhand des Winkels zwischen Beinachse und Longitudinalachse. Stufe 0: Keine Beweglichkeitsdefizite, Flexion im Hüftgelenk beträgt 90° Stufe 1: Leichte Beweglichkeitsdefizite, Flexion im Hüftgelenk beträgt zwischen 80-90° Stufe 2: Deutliche Beweglichkeitsdefizite, Flexion im Hüftgelenk beträgt weniger als 80°
Wadenmus-kulatur Mm. triceps surae	Die Probandin bleibt in Rückenlage auf der Behandlungsliege, winkelt ein Bein an und platziert den Fuß flach auf der Liegefläche. Das andere Bein wird ausgestreckt, während die distale Hälfte frei über den Rand der Liege hinausragt. Der Tester umfasst das Fersenbein mit einer Hand, mit der anderen Hand umfasst dieser die Fußaußenkante und übt distal abwärts einen Hauptzug an der Ferse aus. Währenddessen wird der Vorfuß der Probandin vom Daumen des Testers leicht achsengerecht zum Schienbein gedrückt, bis hin zur maximalen Dorsalextension. Der Druck des Daumens darf nicht in der Fußsohlenmitte stattfinden, sondern muss zwingend am Fußrand erfolgen. Für die isolierte Testung des M. soleus wird danach zusätzlich das Kniegelenk angewinkelt und das Bewegungsausmaß erhöht.	Ausgewertet wird der Test anhand des Winkels zwischen Fuß und Unterschenkel, welcher bei 90°-Winkel einer 0°-Stellung entspricht. Stufe 0: Keine Beweglichkeitsdefizite, Dorsalextension erreicht eine 0°-Stellung Stufe 1: Leichte Beweglichkeitsdefizite, Dorsalextension erreicht keine 0°-Stellung Stufe 2: Deutliche Beweglichkeitsdefizite, Dorsalextension wird nur 10° unter der 0°-Stellung erreicht

2.2 Testergebnisse der Probandin

Die Probandin wird hinsichtlich ihrer Beweglichkeit getestet. Die Testung entspricht der subjektive Muskelfunktionsüberprüfung nach Janda (2000).

In der anschließenden Tabelle werden die einzelnen Ergebnisse aufgelistet.

Tabelle 3: Testergebnisse Muskelfunktionsüberprüfung nach Janda (2000, S. 258-270)

Muskelgruppe	Ergebnis	Beweglichkeitsstufe
Brustmuskulatur M. pectoralis major	Die Oberarme der Probandin erreichen die Horizontale nicht, auch nicht durch leichten Druck des Testers. Der rechte Oberarm ist etwas weiter von der Horizontalen entfernt als der linke Oberarm.	Stufe 2: Deutliche Beweglichkeitsdefizite

Muskelgruppe	Ergebnis	Beweglichkeitsstufe
Hüftbeugemuskulatur M. iliopsoas	Beide Oberschenkel der Probandin erreichen die Horizontale nicht, auch nicht durch leichten Druck des Testers. Es gibt keinen Unterschied zwischen dem rechten und linken Oberschenkel.	Stufe 2: Deutliche Beweglichkeitsdefizite
Kniestreckmuskel M. rectus femoris	Der Winkel zwischen Ober- und Unterschenkel der Probandin im rechten und linken Bein erreicht einen Kniebeugewinkel von 90°.	Stufe 0: Keine Beweglichkeitsdefizite
Kniebeugemuskulatur Mm. ischiocrurales	Der Winkel zwischen Beinachse und Longitudinalachse der Probandin beträgt beidseitig im Hüftgelenk ca. 85°.	Stufe 1: Leichte Beweglichkeitsdefizite
Wadenmuskulatur Mm. triceps surae	Der Winkel zwischen Fuß und Unterschenkel der Probandin in der Dorsalextension erreicht beidseitig einen 90°-Winkel, was einer 0°-Stellung entspricht.	Stufe 0: Keine Beweglichkeitsdefizite

2.3 Beweglichkeitsbewertung der Probandin

Auf den Testergebnissen der Tabelle 3 basierend, konnten Beweglichkeitsdefizite in der oberen Körperregion der Probandin festgestellt werden. Die Brustmuskulatur ist deutlich in der Beweglichkeit eingeschränkt, während die rechte Partie des M. pectoralis major verstärkt eingeschränkt ist. Dies lässt vermuten das sie, aufgrund ihrer beruflichen Tätigkeit als Webdesigner, vermehrt eine vornübergebeugte Position mit vorgeschobenem Nacken und einem Rundrücken einnimmt und dadurch die starke muskuläre Dysbalance entstanden ist (Frössler, 2007, S. 332).

Die höhere Einschränkung in der rechten Partie der Brustmuskulatur kann sich daraus ergeben, dass die Probandin als Rechtshänderin im Berufsalltag verstärkt mit der rechten Schulter die Fehlhaltung ausübt.

Ebenfalls wurden starke Beweglichkeitsdefizite in der Hüftbeugemuskulatur ermittelt. Diese Dysbalance kann ebenfalls auf die berufliche Tätigkeit, zusammen mit dem überwiegend eher sitzenden Alltag vor und nach der Arbeit, zurückzuführen sein. Der M. iliopsoas passt sich somit an die Sitzhaltung an und verändert den Muskeltonus, wodurch das muskuläre Defizit entstehen kann (Wiemann & Klee, 1999).

In den unteren Extremitäten wurde sowohl in der Kniestreck- wie auch in der Wadenmuskulatur kein Defizit erkannt. Lediglich in der Kniebeugemuskulatur besteht in beiden Seiten ein leichter Beweglichkeitsmangel. Zurückführen lässt sich die verringerte Beweglichkeit der Mm. ischiocrurales auf häufiges und stundenlanges Sitzen im Büro wie auch privat oder auf dem Fahrrad. Die Anpassungserscheinung der kontinuierlich angewinkelten Beine äußern sich in einem muskulären Ungleichgewicht zwischen Beinrückseite und -vorderseite (Wiemann & Klee, 1999).

Der Hobbysport, Wandern und Radfahren, der Probandin kann der Grund für den leichten Ausgleich für die Waden- und Kniestreckmuskulatur sein. Ebenso kann die Sportart Wandern dem Defizit in der Kniebeugemuskulatur positiv entgegenwirken, wodurch sich die niedrige Stufe der Bewegungseinschränkung erklären lässt.

Herausgehend aus den Testergebnissen werden in der Planung des Beweglichkeitstrainings verstärkt die Muskelgruppen M. pectoralis major, M. iliopsoas und Mm. ischiocrurales beachtet. Dennoch werden im Sinne eines ganzheitlichen Trainings die antagonistischen Muskeln nicht vernachlässigt, sondern im Zuge einer Kräftigung miteingeschlossen.

3 Trainingsplanung des Dehntrainings

3.1 Planung der Dehnübungen

In der folgenden Abbildung werden zehn Dehnübungen, anlehnend an das Beschwerdebild der Probandin, erstellt und namentlich mit Anwendungsbereich und entsprechender Zielmuskulatur sowie die dazu passende Dehnmethode vorgestellt.

Die Dehnübungen umfassen jene eingeschränkten Muskulaturen der Probandin, welche sich an die Überlastung der antagonistischen Muskeln innerhalb der muskulären Dysbalance angepasst haben (Spring 2008).

Tabelle 4: Trainingsplan Dehnübungen

Dehnübung	Bereich	Zielmuskulatur	Dehnmethode
Kopfneige	Schulter-Nacken-Bereich (unilateral)	M. trapezius pars descendens M. levator scapulae	Dehnform: aktiv-passiv Arbeitsweise: statisch
Türdehnung	Brustmuskulatur (bilateral)	M. pectoralis major M. deltoideus pars clavicularis	Dehnform: aktiv Arbeitsweise: postisometrisch

Dehnübung	Bereich	Zielmuskulatur	Dehnmethode
Geländer Lehnen	Oberarm (unilateral)	M. biceps brachii	Dehnform: passiv Arbeitsweise: statisch
Seitneige Sprossenwand	Seitlicher Rumpf (unilateral)	M. obliquus externus abdominis M. obliquus internus abdominis M. transversus abdominis	Dehnform: aktiv Arbeitsweise: statisch
Vorbeuge	Unterer Rücken	M. erector spinae autochthone Rückenmuskulatur	Dehnform: passiv Arbeitsweise: statisch
Prinzenstand	Hüftmuskulatur (unilateral)	M. iliopsoas	Dehnform: aktiv Arbeitsweise: dynamisch
Schneidersitz	Oberschenkel Innenseite (bilateral)	M. adductor magnus M. adductor brevis M. adductor longus	Dehnform: aktiv Arbeitsweise: statisch
Beinstreckung Rückenlage	Oberschenkel Rückseite (unilateral)	Mm. ischiocrurales	Dehnform: passiv Arbeitsweise: statisch
Sitzender Twist	Oberkörper (unilateral)	Mm. rhomboidei M. trapezius pars transversa M. obliquus externus abdominis M. obliquus internus abdominis M. transversus abdominis M. rectus abdominis M. sternocleidomastoidius M. piriformis M. erector spinea Mm. intercostales	Dehnform: aktiv Arbeitsweise: statisch
Sitzend Fuß auf Knie	Beckengürtel (unilateral)	M. piriformis	Dehnform: aktiv Arbeitsweise: statisch
Belastungsgefüge	→ *Sätze pro Übung: 3 Sätze (je Seite)* → *Dehndauer: 30 Sekunden je Satz* → *Pause: 60 Sekunden je Satz* → *Dehnintensität: submaximal*		

3.2 Dehnübungen in der Durchführung

Die Idee einer Dehnung besteht darin ein am Gelenk fixiertes stabil gehaltenes Muskelende (Punctum fixum) mittels Gelenkbeugung oder -streckung des anderen Muskelendes (Punctum mobile) voneinander zu entfernen (Schwichtenberg & Jordan, 2012, S. 144)

3.2.1 Statische Dehnübungen

Die Dehnübung „Kopfneige" richtet sich an den Schulter-Nacken-Bereich.

Die Trainierende steht im aufrechten Stand. Beide Schultern ziehen Richtung Boden, das ist Kinn zurückgezogen. Der Kopf wird passiv beispielsweise zur rechten Seite geneigt, ohne eine Drehung auszuführen. Wenn ein Spannungsgefühl in der seitliche Nackenmuskulatur wahrgenommen wird kann mit dem linken Arm nun verstärkt aktiv Richtung Boden gezogen werden (Sampel, Stolz & Zisch, 2007, S. 31)

Die Dehnübung „Geländer Lehnen" richtet sich an die Oberarme.
Die Trainierende steht aufrecht mit dem Rücken zur Sprossenwand. Das Ellenbogengelenk des zu dehnenden Oberarms wird durchgestreckt. Der Unterarm wird so gedreht, dass der Handrücken nach oben zeigt. Nun wird der Arm über die Seite nach hinten hin auf Schulterblatthöhe zu einer Sprosse geführt, bis die Dehnung im Bizeps spürbar wird. Die Dehnung wird passiv verstärkt, in dem der ausgestreckte Arm leicht nach unten gedrückt wird (Kruse, 2017, S. 134).
Die Dehnübung „Seitneige Sprossenwand" richtet sich an die seitliche Rumpfmuskulatur. Die Trainierende steht seitlich nah an der Sprossenwand. Das äußere Beine überkreuzt das innere Standbein, sodass das Knie des Standbeins das hintere ist. Der äußere Arm umfasst über dem Kopf eine Sprosse, um seitlich im Rumpf eine Spannung aufzubauen. Nun bewegt sich die Trainierende aktiv mit dem Rumpf seitlich weg von der Sprossenwand bis hin zur Dehnung (Sampel, Stolz & Zisch, 2007, S. 31).

Die Dehnübung „Vorbeuge" richtet sich an die untere Rückenmuskulatur.
Die Trainierende steht in einer aufrechten Position. Die Knie sind leicht durchgestreckt. Zuerst wird das Kinn gesenkt, anschließend wird jeder Wirbel einzeln in Richtung Boden abgerollt, während die Hüfte gebeugt wird und der Rücken immer runder wird. Am Ende der Bewegung werden die Hände in Richtung der Füße geführt und die Rückendehnung passiv gehalten (Striano, 2012, S. 117).

Die Dehnübung „Schneidersitz" richtet sich an die Adduktoren beider Oberschenkel.
Die Trainierende sitzt aufrechten mit angewinkelten Beinen auf dem Boden. Die Fersen werden nun soweit zum Gesäß gezogen bis sich die Fußsohlen berühren. Der Oberkörper bleibt aufgerichtet und die Oberschenkel drücken nun aktiv zum Boden, bis eine Dehnung in den Innenseiten der Oberschenkel wahrgenommen wird (Flicke, 2010, S. 113).

Die Dehnübung „Beinstreckung Rückenlage" richtet sich an die Oberschenkelrückseite.
Die Trainierende liegt auf dem Rücken mit ausgestreckten Beinen An die Fußsohle des zu dehnenden Beins ist ein Seil gespannt, mit dem das Bein sanft Richtung Brust gezogen

wird. Dabei bleibt das andere Bein ausgestreckt am Boden. Das zu dehnende Bein wird durchgestreckt und nun möglichst mithilfe des Seils passiv in die Senkrechten gezogen bis in der Rückseite des Beins die Dehnung entsteht (Flicke, 2010, S. 112).

Die Dehnübung „Sitzender Twist" schließt mehrere Muskelgruppen des Körpers ein. Die Trainierende sitzt mit ausgestreckten auf der Matte. Der beispielsweise rechte Fuß wird überkreuzt neben die linke Hüfte aufgestellt. Das linke Bein wird nun auch nah an den Körper gezogen. Der linke Arm wird rechts am aufgestellten Bein vorbeigeführt, der Oberkörper und rechte Arm dreht sich mit nach hinten rechts (Kaminoff, 2013, S. 97-98).

Die Dehnübung „Sitzend Fuß auf Knie" richtet sich an den Beckengürtel. Die Trainierende sitzt aufrecht auf einem Stuhl, mit zu 90° angewinkelten Beinen. Der Fuß der zu dehnenden Hüftseite wird auf das andere Knie gelegt. Anschließend bewegt sich sie sich mit aufgerichtetem Oberkörper gerade nach vorne bis zum Erreichen einer Dehnung im Gesäß (Spring, Schneider & Tritschler, 1997, S. 985).

Jede einzelne dieser Dehnposition wird statisch 30 Sekunden lang, jeweils dreimal pro Seite oder pro Gesamtdehnung in einer submaximalem Dehnintensität gehalten mit jeweils Pausen von 60 Sekunden (Hillebrecht, 2013, S. 207).

3.2.2 Dynamische Dehnübungen

Die Dehnübung „Prinzenstand" richtet sich an die Hüftmuskulatur. Die Trainierende befindet sich im aufrechten Ausfallschritt, das hintere Knie wird auf dem Boden abgesetzt. Das Gewicht wird langsam auf das vordere Bein verlagert, während die Bauchmuskulatur angespannt ist, um ein Hohlkreuz zu vermeiden. Nun wird das Becken aktiv nach vorne geschoben, bis eine Dehnung im Oberschenkelansatz des hinteren Beins spürbar wird (Flicke, 2010, S. 114). Die Dehnung wird mit 12 leichten rhythmischen Wippbewegungen in der Endposition gehalten ausgeführt, um etwa die gleiche Dehndauer wie bei der statischen Dehnung herzustellen. Die Übung wird in drei Sätze pro Seite in einer submaximalen Dehnintensität, mit jeweils Pausen von 60 Sekunden, ausgeführt (Hillebrecht, 2013, S. 99).

3.2.3 Postisometrische Dehnübungen

Die Dehnübung „Türdehnung" richtet sich an die Brustmuskulatur.

Die Trainierende steht aufrecht in einem offenen Türbogen. Beide Arme werden angewinkelt, sodass im Ellenbogengelenk wie auch in der Achsel in 90° entstehen. Die Unterarme inklusive Handflächen werden am Türrahmen fixiert. Nun wird beidseitig die Brustmuskulatur gedehnt, indem die Trainierende leicht durch die Tür schreitet bis zur Wahrnehmung einer Dehnung (Sampel, Stolz & Zisch, 2007, S. 34).

Die Dehnung wird in einer submaximalen Intensität gehalten, um nun wenige Atemzüge lang isometrisch gegen die Tür zu drücken. Nach der kurzen Muskelentspannung schreitet die Trainierende wieder 30 Sekunden in die Dehnposition. Die postisometrische Dehnung wird dreimal ausgeführt, jeweils mit Pausen von 60 Sekunden (Wottke, 2011, S. 80).

3.3 Begründung der Planung

In der Trainingsplanung der Dehnübungen wurde die zeitliche Verfügbarkeit der Probandin, mit 1,5 Stunden dreimal die Woche, berücksichtigt. Für den Beginn wird ein Trainingspensum von 45 Minuten zweimal die Woche vorgeschlagen, um eine Überforderung zu verhindern. Nach der Eingewöhnungsphase kann auch auf drei Trainingsreize die Woche erhöht werden kann (Rancour, Holmes & Cipriani, 2009).

Unter der Empfehlung von Wiemeyer, Bernardi, Thiel und Banzer (2016) wurde die Satzanzahl mit drei Sätze pro Dehnübung und mit einer jeweiligen Dehndauer von 30 Sekunden oder entsprechenden 12 dynamischen Bewegungen pro Satz gewählt. Darüber wurde keine Variation in der Dehndauer den einzelnen Anwendungsbereichen gewählt, um der Probandin den Einstieg ins Dehrtraining zu erleichtern.

Anhand der Schwerpunkte der Probandin behandelt der Dehntrainingsplan überwiegend die tonische Muskulatur des gesamten Körperschemas, vereinzelt zur Entlastung auch abgeschwächte phasische Muskeln (Schmid, 2016). Die Dehnmethode zur jeweiligen Übung ist dabei vornehmlich statisch, da diese Ausführung weniger komplex ist, mögliche Fehler geringer sind, und zusätzlich wird hierbei leichter die eigene Körperwahrnehmung erlernt (Gärtner, 2013, S. 44).

Zusammenfassend kann unter Berücksichtigung des Leistungs- und Gesundheitszustands nun durch den erstellten Trainingsplans die Beweglichkeitstest-Ergebnisse verbessert werden und die Trainingsziele angegangen werden. Mittels Dehnung der Beuge- und

Kräftigung der Streckmuskulatur, kann den Rückenschmerzen und die Ischialgie entgegengewirkt werden. Der Hypertonus in den tonischen Muskeln wird abgebaut und die Dehnbarkeit erhöht. Damit wird die Belastung im Wirbelsäulensegment reduziert und Fehlhaltungen oder Fehlstellungen im Gelenk korrigiert (Schmidt, 2016). Bedeutend ist zusätzlich die submaximale Dehnintensität, die bei jeder Übung erreicht werden muss, um zu positiven Änderungen zu gelangen (Wiemeyer et al., 2016)

4 Trainingsplanung des Koordinationstrainings

4.1 Planung der Koordinationsübungen

In der folgenden Abbildung werden zehn Koordinationsübungen in einem eigenständigen Plan zusammengestellt. Die Übungsauswahl richtet sich an die Koordination, vorsorglich an das Gleichgewicht der Probandin, welches das Dehntraining zum ganzheitlichen Konzept ergänzt.

Tabelle 5: Trainingsplan Koordinationsübungen

Koordinationsübung mit Steigerungsmöglichkeit	Hilfsmittel/ Kleingeräte	Ziel	Belastung
Kurzer Fuß nach Janda: - Einbeinig	Keine	Tiefensensibilität	Sätze: 3 x 20 Sekunden halten (pro Seite) Pause: 45 Sekunden
Einbeinstand: - auf instabiler Unterlage - mit geschlossenen Augen	(bei Steigerung: Airex-Kissen)	Statische Balance	Sätze: 3 x 30 Sekunden halten pro Seite Pause: 45 Sekunden
Einbeinstand Standwaage: - auf instabiler Unterlage - mit geschlossenen Augen	(bei Steigerung: Airex-Kissen)	Statische Balance	Sätze: 3 x 30 Sekunden halten pro Seite Pause: 45 Sekunden
Zweibeinstand Therapiekreisel: - mit geschlossenen Augen - mit Zusatzgewicht einseitig	Therapiekreisel (bei Steigerung: Kurzhantel)	Statische Balance	Sätze: 3 x 30 Sekunden halten Pause: 45 Sekunden
Einbeinstand Therapiekreisel: - mit geschlossenen Augen - mit Zusatzgewicht einseitig	Therapiekreisel (bei Steigerung: Kurzhantel)	Statische Balance	Sätze: 3 x 30 Sekunden halten pro Seite Pause: 45 Sekunden

Koordinationsübung mit Steigerungsmöglichkeit	Hilfsmittel/ Kleingeräte	Ziel	Belastung
Zweibeinstand Kniebeuge auf Therapiekreisel: - mit geschlossenen Augen - mit Zusatzgewicht einseitig	Therapiekreisel (bei Steigerung: Kurzhantel)	Dynamische Balance	Sätze: 3 x 15 Wiederholungen Pause: 45 Sekunden
Einbeinstand schwingend auf Therapiekreisel: - mit geschlossenen Augen - mit Zusatzgewicht einseitig	Therapiekreisel (bei Steigerung: Kurzhantel)	Dynamische Balance	Sätze: 3 x 15 Wiederholungen pro Seite Pause: 45 Sekunden
Einbeinstand auf Therapiekreisel mit Ball prellen: - mit geschlossenen Augen	Therapiekreisel Ball	Bewegungsvielfalt	Sätze: 3 x 20 Wiederholungen je Seite Pause: 45 Sekunden
Einbeinstand mit Störung durch Partner Thera-Band auf Therapiekreisel: - mit geschlossenen Augen	Therapiekreisel Thera-Band Partner	Bewegungsvielfalt	Sätze: 3 x 30 Sekunden halten pro Seite Pause: 45 Sekunden
Ausfallschritt Therapiekreisel: - mit geschlossenen Augen - mit leichter Hantel über Kopf	Therapiekreisel (bei Steigerung: Langhantel)	Bewegungsvielfalt	Sätze: 3 x 15 Wiederholungen pro Seite Pause: 45 Sekunden
Einbeinstand mit Seilzug Butterfly-Reverse auf Therapiekreisel: - mit geschlossenen Augen	Therapiekreisel Seilzug	Bewegungsvielfalt	Sätze: 3 x 15 Wiederholungen pro Seite Pause: 45 Sekunden

4.2 Koordinationsübungen in der Durchführung

Da ein Gleichgewichtstraining im Vordergrund steht beinhaltet die Planung ein propriozeptives Training zur Verbesserung der Tiefensensibilität, Körperwahrnehmung und reflektorischen Muskelaktivität und zur Wiederherstellung und Stabilisierung physiologischer Gelenkstellungen (Häfelinger & Schuber, 2007, S. 24).

Die erste Übung „Kurzer Fuß nach Janda" bildet die Grundlage des Koordinationstrainings, die zur aufrechten und stabilen Körperhaltung beiträgt. Der Oberkörper ist dabei aufgerichtet und bis zur Beckenmuskulatur angespannt, die Schultern sind nach hinten unten gezogen, die Knie sind leicht gebeugt und stehen hüftbreit auseinander. Die Ferse, Groß- und Kleinzehenballen ebenso wie die Zehen, haben gleichmäßigen Kontakt zum Boden. Die Zehen werden gespreizt und das Fußgewölbe wird hochgezogen und statisch gehalten, wobei die Zehen weiterhin locker sind (Chwilkowski, 2006, S. 65).

14

In der zweiten Übung „Einbeinstand" steht die Probandin aufrecht auf einem Bein im Lot. Die Steigerung dieser Übung ist die „Standwaage". Dabei hält die Probandin im Einbeinstand ihr Gleichgewicht, neigt den Rumpf in die horizontale und streckt das freischwebende Bein nach hinten, und beide Arme senkrecht nach vorne vom Körper weg. Beide Übungen werden statisch gehalten. Das Standbein wird danach gewechselt.

Die dritte Übung „Zweibeinstand Therapiekreisel" schließt als Hilfsmittel den Therapiekreisel ein. Auf diesem Kreisel versucht sich die Probandin mit beiden Füßen aufrecht im Lot zu halten. Ähnlich verhält sich die nachfolgende Übung „Einbeinstand Therapiekreisel", welche in der gleichen Vorgehensweise ausgeführt wird, nur diesmal lediglich auf einem Fuß im Einbeinstand stattfindet. Auch hier werden beide Übungen statisch innerhalb der vorgegebenen Zeit gehalten.

Der Therapiekreisel wird weiterhin in der fünften Übung „Zweibeinstand Kniebeuge auf Therapiekreisel" verwendet. Die Probandin startet in der aufrechten Standposition der dritten Übung und führt zusätzlich dynamisch Kniebeugebewegungen aus. Die Arme werden dabei synchron beim herabsetzten des Körperschwerpunktes nach oben geführt.

In der sechsten Übung „Einbeinstand schwingend auf Therapiekreisel" wird wieder in den Einbeinstand auf dem Therapiekreisel gewechselt. Das Spielbein und beiden Armen der Probandin schwingen dabei dynamisch richtungssynchron vorwärts und rückwärts.

Zum Einbeinstand auf dem Kreisel kommt in der siebten Übung „Einbeinstand auf Therapiekreisel mit Ball prellen" ein Ball zur Bewegungsvielfalt zum Einsatz. Die Probandin startet in der Position der vierten Übung und prellt den Ball fünfmal je Seite seitlich neben dem Körper auf den Boden, bis sie 20 Prellbewegungen erreicht hat. Nach dreimaligen durchlaufen des Vorgangs wird das Standbein gewechselt und die Übung wiederholt.

In der acht Koordinationsübung „Einbeinstand mit Störung durch Partner Thera-Band auf Therapiekreisel" wird zusätzlich ein Partner und ein Thera-Band benötigt. Die Probandin befindet sich in der Position der vierten Übung mit einem Thera-Band am Handgelenk. Der Partner stört derweilen mithilfe des Thera-Bandes durch unregelmäßige Zugbewegungen das Gleichgewicht der Probandin innerhalb der angegebenen Zeit.

Zur neunten Übung „Ausfallsschritt Therapiekreisel" befindet sich die Probandin im Ausfallschritt. Das vordere Bein steht instabil auf dem Therapiekreisel. Nun wird das vordere Bein gebeugt und das hintere Knie Richtung Boden geführt, bis der hintere Unterschenkel parallel zum Boden ist. Die Start- und Endposition wird nun im Wechsel ausgeführt.

In der letzten Übung „Einbeinstand mit Seilzug Butterfly-Reverse auf Therapiekreisel" befindet sich dir Probandin in der Position der vierten Übung vor einem Seilzugturm. Im Anschluss führt die Probandin im aufgerichteten Stand die Arme leicht gestreckt auf Schulterhöhe nach vorne, zieht die Griffe des Kabelzugs auf gleicher Höhe nach hinten, bis sich die Ellenbogen hinter dem Rücken befinden und wiederholt die Bewegung.

„Damit der Gewöhnungseffekt ausbleibt, werden einfache Übungen durch vielseitige Anwendung methodischer Maßnahmen variiert (erschwert) [...])" (Kempf, 2000, S. 3). Das wird mittel zusätzlichen Änderungen erreicht, z.B. einer anderen Unterstützungsfläche, der Verwendung zusätzlicher Kleingeräten oder die Variation der Informationsaufnahme. Die einzelnen möglichen Zusatzanweisungen zur Übungserweiterung befinden sich im Trainingsplan in Tabelle 5, jeweils unter den Übungsbezeichnungen.

4.3 Begründung der Planung

Der 45-minütige Trainingsplan der Probandin umfasst das Erlernen ökonomischer Bewegungen und Körperstabilität zum Erhalt der Gelenk- und Körperstabilität mittels motorischer koordinativer Fähigkeiten (Häfelinger & Schuba, 2007). Anhand der Übung Einbeinstand mit Störungen durch den Partner, wird z.B. die Reaktionsfähigkeit trainiert. Die Kombinations- und Kopplungsfähigkeit wird dabei beispielsweise an der letzten Übung am Seilzug gefördert. Das Augenmerk der Planung liegt jedoch auf der koordinativen Fähigkeit Gleichgewicht, die in jeder Übung enthalten ist.

Die überwiegend propriozeptiven Übungen wurden aufgrund der Beanspruchung der statico-dynamischen und kinästhetischen Analysatoren gewählt. Einhergehend mit der Sensibilisierung der Analysatoren wird die Sensorik des Bewegungsempfinden und den Gleichgewichtssinn der Probandin gestärkt (Chwilkowski, 2006, S. 58-59).

Der Aufbau der Trainingsplanung wurde im Sinne der methodisch-didaktischen Prinzipien erstellt. Die Übungen steigern sich im Plan von der ersten Übung hin zur letzten

Übung im Schwierigkeitsgrad, ebenso in ihrer Komplexität und dem Bekanntheitsgrad (Chwilkowski, 2006, S. 56-58). Zusätzlich kann jede Übung individuell durch Neuerungen der motorisch-koordinativen Druckbedingungen, wie Organisationsdruck und Komplexitätsdruck, gesteigert werden (Neumaier und Mechling, 1994). Die Belastungsparameter wurden nach Chwilkowski (2006, S. 61) und Häfelinger & Schuber (2007, S. 61) erstellt, welche ein Gesamttraining bis zu 45 Minuten empfehlen, mit statischen Übungen bis 60 Sekunden und dynamischen Übungen mit bis zu 30 Wiederholungen. Die Übungen können mit maximal fünf Serien mit Pausen von mindestens 45 Sekunden ausgeführt werden.

Darüber hinaus wurde der Trainingsplan so konzipiert, dass die Probandin die Koordinationsübungen dreimal die Woche vorab des Dehntrainings absolviert, um dem vorgegebenen zeitlichen Rahmen der Probandin gerecht zu werden. Die Übungen entsprechen dem kaum eingeschränkten Leistungs- und Gesundheitszustandes der Probandin.

Somit ergibt sich aus dem Trainingsplan ein Gleichgewichts- und Koordinationstraining, welches insbesondere den Indikator „Rückenbeschwerden" einschließt.

Gerade durch Gleichgewichtsübungen, mit reaktiven und reflektorischen Bewegungen auf externe Störungen, wird die tiefe Rückenmuskulatur unwillkürlich aktiviert und schlussfolgernd positiv trainiert (Janda, 2000). Daher ist das Koordinationstraining ideal für die Rückenproblematik der Probandin und fördert ihre weiteren Trainingsziele.

5 Literaturrecherche zur Thematik Dehnen

Die erste wissenschaftliche Studie „Zum Einfluss interserieller Beweglichkeitsübungen auf die Kraftausdauer" (Thienes, 2003) und die zweite Studie „Kurzfristige Auswirkungen von statischem Dehnen auf Maximal- und Schnellkraftparameter der beinstreckenden Muskulatur bei größeren Kniewinkeln" (Hennig & Podzielny, 1994) werden hinsichtlich der Effekte des Dehnens im Hinblick auf eine Verbesserung der sportlichen Leistungsfähigkeit in der nachfolgenden Tabelle zu verschiedenen Fragestellungen gegenübergestellt.

Tabelle 6: Gegenüberstellung zweier Studien zu Dehneffekte im Leistungssport

	Studie 1	Studie 2
Studienleiter	Thienes, Gerd	Hennig, Ewald & Podzielny, Sandra
Publikation	2003	1994
Forschungs-frage	Resultieren aus dem systematischen Einsatz unterschiedlicher Beweglichkeitstrainingsmethoden in einer Kraftausdauer-Trainingseinheit höhere Leistungen als bei einem Kraftausdauertraining ohne zusätzliche Beweglichkeitsübungen?	Welche Auswirkungen hat statisches Dehnen und ein zehnminütiger Dauerlauf auf die Sprungkraft beim Vertikalsprung mit Ausholbewegung?
Versuchs-personen	24 Studierende (21-?? Jahre): 9 Frauen, 15 Männer ohne Verletzungen	29 Sportstudenten (~26.5 Jahre), 17 Leichtathleten (~24.2 Jahre)
Versuchs-aufbau	Testübung: Bankdrücken mit freier Hantel → Festlegung des Bruttokriteriums Kraftausdauerleistung je Probanden (6 Serien) 3 Trainingseinheiten mit je 7 Tagen Pause zwischen jeder Einheit: → 1. Einheit: mit 3 Minuten Pause → 2. Einheit: mit Mobilisation der Schulter → 3. Einheit: mit passiv statischem Dehnen Armstrecker und Brustmuskel	Testübung: Vertikalsprung → 1. Tag: Messung der Sprunghöhe vor und nach dem Dehnen und dem darauffolgenden Dauerlauf → 2. Tag: Messung der Sprunghöhe vor und nach dem Joggen und dem darauffolgenden Dehnen
Ergebnisse/ Schlussfolgerungen	Die drei Bedingungen gleichen sich in ihrer Kraftabnahmekurve, jedoch wird mit der Einheit mit Pausen mehr Wiederholungen generiert als bei der Einheit mit Dehnen oder Mobilisation. → Dehnung/ Mobilisation fördern keine höheren Leistungen in der Kraftausdauer	Der Dauerlauf führte zu einem Anstieg der Sprunghöhe von 6%. Das Stretching danach führte zu einem Abfall der Sprunghöhe um ca. 4%. → Dehnung nach dem Warm-Up hemmt die Explosionskraft

6 Literaturverzeichnis

Chwilkowski, C. (2006). *Medizinisches Koordinationstraining – Verbesserung der Haltungs- und Bewegungskoordination durch Propriozeption* (2. Aufl.). Köln: Deutscher Trainer Verlag.

Deutsche Gesellschaft für Ernährung. (1992). *Ernährungsbericht 1992. Im Auftrag des Bundesministeriums für Gesundheit und des Bundesministeriums für Ernährung, Landwirtschaft und Forsten.* Frankfurt am Main: Deutsche Gesellschaft für Ernährung.

Frössler, C. (2007). Sitzen und Schulter-Nacken-Schmerzen. *Manuelle Medizin, 45,* 330–335.

Gärtner, D. (2013). Langfristige Entwicklung der Beweglichkeit: Aktueller Forschungsstand und Anwendung in der Praxis. In Gärtner, D. (Hrsg*.), Beweglichkeitstraining im Sport am Oktober 2013.* (S. 1–45). Bayerischer Sportkongress 2013. München: Technische Universität München.

Häfelinger, U. & Schuba, V. (2007). *Koordinationstherapie - propriozeptives Training* (Wo Sport Spaß macht, 3., überarb. Aufl.). Aachen: Meyer & Meyer.

Hennig, E., & Podzielny, S. (1994). Die Auswirkungen von Dehn- und Aufwärmuebungen auf die Vertikalsprungleistung. *Deutsche Zeitschrift für Sportmedizin, 45* (6), 253–260.

Hillebrecht, M. (2013). *Dehnen und Kraftverhalten. Experimentelle Studien zum kurzfristigen Einflussvon Dehntechniken auf die Kraftfähigkeiten.* Berlin: Lit-Verlag.

Janda, V. (2000). *Manuelle Muskelfunktionsdiagnostik* (4. Aufl.). München: Urban & Fischer.

Kaminoff, L. & Matthews, A. (2013). *Yoga-Anatomie. Ihr Begleiter durch die Asanas, Bewegungen und Atemtechniken.* München: Riva Verlag.

Kempf, H.-D. (2010). *Die Neue Rückenschule. Das Praxisbuch, aktivitäts- und erlebnisorientiert, qualitätsgesichert, anerkannt.* Heidelberg: Springer Medizin.

Kruse, S. (2017). *Easy Flossing.* New York: Georg Thieme Verlag.

Neumaier, A. & Mechling, H. (1994). Taugt das Konzept „koordinativer Fähigkeiten" als Grundlage für sportartspezifisches Koordinationstraining? In P. Blaser, K. Witte & C. Stucke (Hrsg.), *Steuer- und Regelvorgänge der menschlichen Motorik* (S. 93–105). Sankt Augustin: Academia.

Rancour, J., Holmes, C. F. & Cipriani, D. J. (2009). The effects of intermittent stretching following a 4-week static stretching protocol: a randomized trial. *Journal of strength and conditioning research / National Strength & Conditioning Association, 23* (8), 2217–2222.

Sampel, K., Stolz, V. Zisch, B.. (2007). *Dehnübungen. Spezielle Haltungsprophylaxe SS2007.* Zugriff am 10.09.2020. Verfügbar unter http://sport1.uibk.ac.at/lehre/lehrbeauftragte/Huber_Reinhard/Dehnen_%DCbungen.pdf

Schmid, G. (2016). Manuelle Medizin und funktionelle Zusammenhänge der Becken- und Rumpfstabilisation. *Manuelle Medizin 54* (6), 373–375.

Schwichtenberg, M. & Jordan, A. (2012). *Kräftigen und Dehnen. Muskelaufbau und -funktion, effektive Ganzkörperkräftigung, 80 Übungen und Kurzprogramme.* Aachen: Meyer & Meyer.

Spring, H., Schneider, W. & Tritschler, T. (1997). Stretching. *Der Orthopäde 26* (5), 981–986.

Striano, P. (2012). *Anatomie des gesunden Rückens: die besten Übungen für einen starken und schmerzfreien Rücken mit zahlreichen Fotos, Illustrationen und Tipps für die Hals-, Brust- und Lendenwirbelsäule.* Grünwald: Stiebner Verlag.

Thienes, G. (2003). Zum Einfluss interserieller Beweglichkeitsübungen auf die Kraftausdauer. *Spectrum der Sportwissenschaften, 15* (1), 71-93.

Wiemann, K., Klee, A. & Stratmann, M. (1999). Filamentäre Quellen der Muskel-Ruhespannung und die Behandlung muskulärer Dysbalancen. *Krankengymnastik – Zeitschrift für Physiotherapeuten,* 51 (4), 628–640.

Wiemeyer J., Bernardi A., Thiel C. & Banzer W. (2016). *Trainingssteuerung. Aktiv für die Psyche.* Zugriff am 09.09.2020. Verfügbar unter https://doi.org/10.1007/978-3-662-46537-0_8

Wottke, D. (2011). Therapeutische Möglichkeiten – konservative Verfahren Physiotherapeutische Therapie. In A. Eckardt (Hrsg.), *Praxis LWS-Erkrankungen* (S. 119–131). Berlin: Springer-Verlag.

7   Tabellenverzeichnis

Tabelle 1: Personendaten und allgemeiner Gesundheitszustand 3

Tabelle 2 Beweglichkeitstestung modifiziert nach Janda (2000, S. 255-271) 5

Tabelle 3: Testergebnisse Muskelfunktionsüberprüfung nach Janda (2000, S. 258-270) 6

Tabelle 4: Trainingsplan Dehnübungen 8

Tabelle 5: Trainingsplan Koordinationsübungen 13

Tabelle 6: Gegenüberstellung zweier Studien zu Dehneffekte im Leistungssport 18